Idries Shah

Die fabelhaften Heldentaten des weisen Narren Mulla Nasrudin

Idries Shah

Die fabelhaften Heldentaten des weisen Narren Mulla Nasrudin

Mit Zeichnungen von Richard Williams
Aus dem Englischen von Inge von Wedemeyer

HERDER

FREIBURG · BASEL · WIEN

HERDER spektrum Band 7186

Die hier gesammelten Geschichten sind ausgewählt aus:
The Exploits of the Incomparable Mulla Nasrudin,
The Pleasantries of the incredible Mulla Nasrudin,
The Subtilities of the inimitable Mulla Nasrudin,
by Idries Shah. Drawings by Richard Williams.

FSC
www.fsc.org
MIX
Papier aus verantwortungsvollen Quellen
FSC® C106847

Neuausgabe 2015

Umschlaggestaltung: Verlag Herder
Umschlagmotiv: Richard Williams
Satz: Peter Huber, Dtp-Satzservice, Freiburg
Herstellung: fgb · freiburger graphische betriebe
www.fgb.de

Printed in Germany

ISBN 978-3-451-07186-7

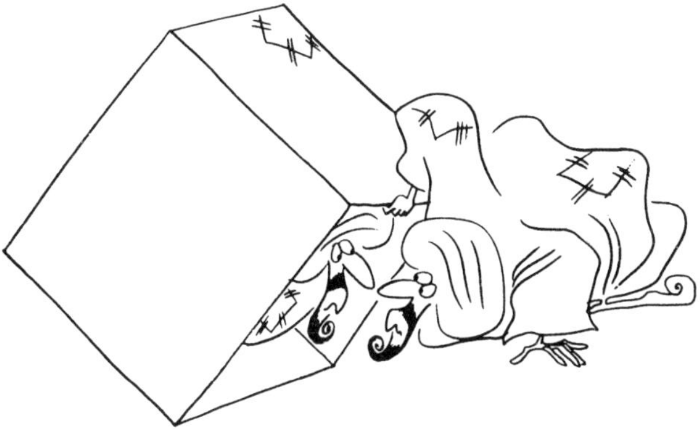

Inhalt

Einleitung 11
Vorspruch 18
Zwei Aussprüche des Mulla Nasrudin 20
In der Not 21
Ich selbst 24
Keine voreiligen Schlüsse! 25
Im Wahlkampf 28
Nie um eine Ausrede verlegen 30
Eben darum wird es geschätzt! 32
Das abgegriffene Goldstück 33

Einsamer Tod 34
Das Ende der Welt 35
Teuer 36
Die Krankheit meines Weibes 38
Kenntnisse in der arabischen Sprache 39
Der Förster 40
Man müsste wissen ... 41
Die Angelegenheit bereinigen 42
Wassermangel 44
Als Bettler 46
Einer von beiden muss es sein 48
Verwechslung 49
Alle anderen 50
Was daraus werden kann 51
Groß und klein 54
Zeit 56
Ärztliche Verordnung 58
Blitzreise 60
Der Wert des Menschen 61
Warnung 62
Gruß 64
Dickkopf! 66
Der gastfreie Mulla 68
Qualität und Quantität 70

Das habt ihr nicht bedacht! 71
Warum wir hier sind 74
Verstehst du, was ich meine? 75
Wer weiß, wann was nützlich ist 76
Wenn ein Topf sich vermehren kann ... 78
Der Schmuggler 79
Wie Nasrudin Wahrheit schuf 80
Die Katze und das Fleisch 82
Auf der Suche 84
Kerzenlicht 86
Salz ist nicht Wolle 88
Dummkopf! 89
Eine unerwartete Ursache 90
Abenteuer in der Wüste 92
Nahrung fürs Gewand 94
Nasrudins Predigt 96
Nasrudin und die sieben Weisen 98
Der Urteilsspruch 100
Das erste zuerst 102
Wer hat geschossen? 105
Die Robe 108
Lebensretter 110
Gut getroffen 114
Mach Licht! 115

Irgend etwas fiel herunter 116
Der letzte Tag 117
Neun Silberstücke? 118
Weise Voraussicht 119
Mutmaßungen 120
Und wenn es nun so wäre ... 121
Eins fürs andere 122
Wenn Allah will! 123
Die Heldentat 124
Auf Bärenjagd 125
Wie närrisch darf man sein? 126
Beschreibung des verlorenen Turbans 127
Wie ein Vogel aussehen muss 128
Ich hätte mehr Zeit gebraucht 129
Wer bin ich? 130
Verschiedene Arten von Tagen 131
Gute Nachrichten 133
Entensuppe 134
Eine Sache der Sprache 136
Neun Esel 138
Der verschwundene Esel 140
Feste Ansichten 141
Weltwunder 142
Göttliche Namen 144

Verlorener Besitz 146
Esoterisch 148
Tyrannei der Majorität 150

Über den Autor 151

Einleitung

Obwohl die Erzählungen von Mulla Nasrudin – mag man sie nun ihm selber oder anderen zuschreiben – im Osten weit verbreitet sind, wäre es noch vor wenigen Jahren unmöglich gewesen, dieses Buch als ein Buch der Weisheit oder der Weisungen vorzulegen. Der Grund dafür liegt auf der Hand, auch wenn er den meisten nicht ausdrücklich bewusst ist. Die Gruppe der Gebildeten im Osten ist ja nach alter Tradition kleiner und exklusiver als dies bei der Massenerziehung im Westen gegenwärtig der Fall ist. Und im Westen kreist die Art der Erziehung und des psychologischen Denkens überdies weitgehend um vorhandene, inhaltlich genau umrissene Systeme. Dies ist unsere erste Hürde.

Was mich bestürzte, als ich vor mehr als zwanzig Jahren mit konventionell gebildeten Menschen zusammentraf, war zunächst, dass – so als ginge es um eine Ware oder um eine streng begrenzte Angelegenheit – sofort Fragen etwa dieser Art an mich gerichtet wurden: „Worin besteht Ihr System? Was wollen Sie damit bezwecken? Wie können wir uns dem anschließen? Was kostet es? Wie lange braucht man, um es zu beherrschen?“ Nun, Mulla Nasrudin selbst wird in diesem Buch versuchen, dem Leser nahezubringen, dass solche Fragen völlig am Wesentlichen vorbeizielen. Sie haben zwar die Form von Fragen, aber wenn man sie analysiert, besagen sie folgendes:

„Ich glaube, dass, wenn jemand eine Lehre vorlegt, diese sich einem System zuordnen lässt. Ich glaube, dass diese Lehre stets den Anspruch erheben wird, etwas für mich zu tun oder in mir etwas zu bewirken, was ich verstehen kann, wenn man mir nur die Gebrauchsanweisung gibt. Ich glaube, dass es ein System sein muss, das zu etwas taugt, und dass ich Geld dafür werde zahlen müssen. Ich glaube auch, dass dies nach festgelegten zeitlichen oder anderen Maßstäben verläuft.“

Nun wird man vielleicht fragen, was denn falsch sei an dieser Einstellung. Die Antwort: Sie ist ganz und gar nicht falsch – vorausgesetzt, man wendet sich damit einer Sache zu, der man auf diese Weise näherkommen kann. Zum Beispiel kann man die meisten der Fragen wahrheitsgetreu und brauchbar beantworten, wenn man

Latein lehren wollte oder Maschinenbau für Kraftfahrzeuge oder auch scholastische Theologie an einer Universität. Tatsache aber ist – jedenfalls behaupten das die Sufis –, dass es Arten des Lernens gibt, die völlig unwirksam bleiben, wenn man sie in solche Parameter presst.

Durch viele Briefe weiß ich, dass es in Deutschland eine ganze Menge Leute gibt, die den Sufipfad mit Hilfe dieser Zwangsjacke zu lernen und zu lehren versuchen. Auch im Osten hat es solche Menschen gegeben; und auch in anderen Ländern des Westens gibt es sie. Mulla Nasrudin warnt, wie alle Derwische, vor einer solchen Einstellung. Übersimplifizierungen, Dramatisierung, mechanisches Denken: all dies verhindert das Lernen im sufischen Sinne. Und, nebenbei bemerkt, man lasse sich nicht abschrecken durch die Tatsache, dass an vielen Orten der Welt die Mehrzahl der „Sufi", denen man begegnet, heute zu jenen emotionalen und mechanischen gehört. Und wenn man tatsächlich mit ihnen zusammentrifft, hüte man sich davor, sie als Schwindler abzuschreiben. Sie können genauso aufrichtig sein wie irgendwer anders. Ihr Problem ist bloß, dass sie sich nach exotischem Gewand, nach Bärten, geheimen Worten, gewissen Rezitationen und all dergleichen sehnen. Wir können sie glücklicherweise mit einem geläufigen psychologischen Ausdruck klassifizieren: sie brauchen etwas, das sie trägt, ein System, eine Gruppe, eine Familie, eine Quelle unfehlbarer Autorität, die Aura des Geheimnisvollen. Sufi-Weise von hohem Ansehen haben dies in ihren Werken immer wieder beschrieben und die Leute schon vor mehr als tausend Jahren davor gewarnt, in eben den vielen Büchern, die ich in meinen Büchern über Sufitum und die Sufis immer wieder zitiert habe.

Für den Derwisch sind die Mulla-Nasrudin-Erzählungen ein Werkzeug. Das heißt, sie verhelfen auf einer Ebene zu Information, auf einer anderen Ebene freilich öffnen sie das Gemüt für Erfahrungen, Begriffe und Formen der Aktivität, die nicht ohne weiteres anders und auf andere Weise eingeübt werden können.

Wer Scherze sucht, findet hier Humor. Wer die Geschichten mit mystischer Bedeutung ausstattet, dem bieten sie eine (recht verfängliche) Empfindung der Furcht oder Ehrfurcht und des

Wunderbaren. Wer fähig ist, sich in diese Geschichten zu versenken, für den wirken sie – als Werkzeug.

Das Sufistudium besteht aus vielen Dingen: im Lesen und Verstehen; darin, dass man bestimmte Erfahrungen nur einmal macht und andere – vielleicht – sehr oft. Vor allem geht es darum, allzu grobe Vereinfachungen zu vermeiden. Aus diesem Grunde habe ich mehr als dreißig Bücher über den Sufismus herausgebracht – eben um dem Stoff und Gehalt von allen möglichen Gesichtswinkeln aus näherzukommen, um Material für alle Arten von Menschen aller geistigen Stufen und aller geistigen Stationen zur Verfügung zu stellen. Das ist die traditionelle Methode des Wirkens, und Mulla Nasrudin stellt einen kostbaren Teil davon dar: so viel zumindest, dass es für manche die notwendige Grundlage ist.

Seine Scherze haben aber noch einen wichtigen und nur scheinbar nebensächlichen Aspekt: Scharlatane und Menschen, die von fixen Ideen besessen sind, haben fast nie Sinn für Humor. Man hält sich also solche Leute vom Leib, wenn man diese Späße erzählt. Diagnostisch gesprochen:

Derwische waren fast stets fähig, die Schwäche solcher in die Irre führenden Leute anschaulich zu machen, indem sie sie mit Späßen testeten. Wenn diese Leute sagen, Nasrudin sei Unsinn, und wenn ihr Lachen nicht echt ist, kann man ziemlich sicher sein, dass sie ganz und gar keine Sufis sind.

Was den instrumentellen Charakter dieser Geschichten anbelangt, so gibt es da noch einen weiteren Bereich: Die Menschen lesen sie und behalten sie im Gedächtnis. Dann, vielleicht Wochen, Monate oder sogar Jahre später, fällt ihnen die Nutzanwendung oder eine neue Bedeutung des Scherzes ein. So haben es westliche Leser hunderte Male berichtet, lange bevor wir verrieten, dass gerade dies eine der wichtigen Folgen der Erzählungen sei. Jedoch noch einmal: an diese Art und Weise muss der Westler sich noch gewöhnen, ist er doch alles in allem so konditioniert, dass er seine „Nahrung" sofort verlangt.

All die möglichen Anwendbarkeiten der Nasrudingeschichten zu beschreiben, wäre nicht nur nicht möglich. Es wäre auch ihrer Wirksamkeit abträglich. Würde ich beschreiben, welchen Nährwert man aufnimmt, wenn man eine Apfelsine isst, würde man vielleicht ein Fachmann in der Theorie. Aber ihre Wirkung hat die Apfelsine erst dann, wenn man sie tatsächlich isst. Derwische sind Leute, die Apfelsinen anbieten, keine theoretischen Ernährungsexperten. Daher betonen die Leute des Pfades ständig den Unterschied zwischen Information und Erkenntnis, zwischen Theorie und Erfahrung. Die herrschende Verwirrung ist dadurch entstanden, dass zu viele Menschen meinen, man müsse stets die Theorie vor der Erfahrung besitzen. Ich hoffe, dass der erste Teil dieser Einleitung zumindest einige der Leser von dieser Gewohnheit befreit hat.

Es besteht also die Einladung, dieses Buch zu lesen und zuzusehen, ob es nicht etwas bewirkt, was ganz anders ist als das, was die Leute haben wollen. Es lohnt sich, „die Apfelsine zu essen"!

Idries Shah

Vorspruch

„Mulla Nasrudin, Haupt der Derwische und Meister eines verborgenen Schatzes, ein Mann der zur Vollkommenheit gelangt ist ... Viele sagen: Ich wollte etwas lernen, aber hier fand ich nichts als Verrücktheit. Sollten sie jedoch irgendwo anders tiefe Weisheit suchen, werden sie sie dort vielleicht auch nicht finden."

Aus: „Lehren des Nasrudin", Bokharan-Manuskript von Ablahi Mutlaq aus dem Jahre 1617: ‚Der vollendete äußerliche Narr'.

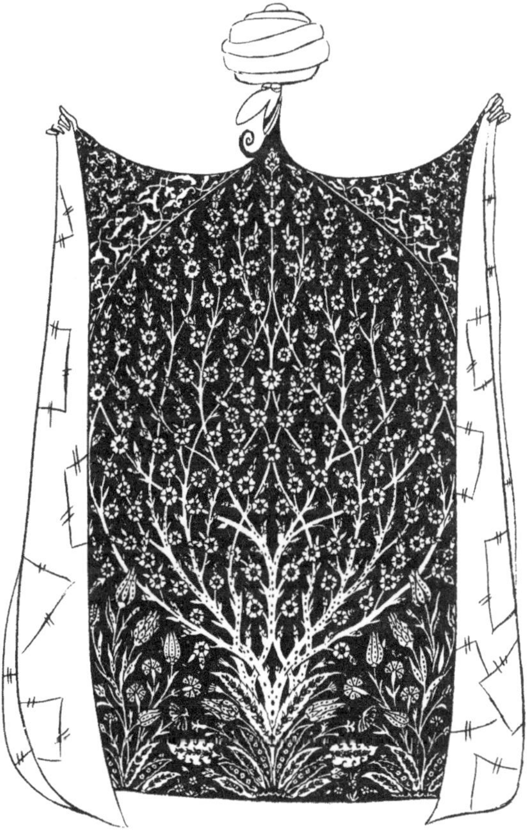

Zwei Aussprüche des Mulla Nasrudin

Wenn ich wüsste, wieviel zwei mal zwei ist – würde ich sagen: Vier!

Wenn ich dieses Leben überlebe, ohne zu sterben, sollte mich das überraschen.

In der Not

Als der Mulla nach der Gebetszeit aus der Moschee kam, saß ein Bettler am Straßenrand und bat um Almosen. Es ergab sich die folgende Unterhaltung:

Mulla: „Bist du verschwenderisch?"

Bettler: „Ja, Mulla."

Mulla: „Sitzt du gerne herum und trinkst Kaffee und rauchst?"

Bettler: „Ja."

Mulla: „Ich nehme an, du gehst gerne jeden Tag in die Badestuben?"

Bettler: „Ja."

Mulla: „... und machst dir wohl auch das Vergnügen, mit deinen Freunden eins zu trinken?"

Bettler: „Ja, all das macht mir Spaß."

„Soso", sagte der Mulla, und er gab ihm ein Goldstück.

Ein paar Meter weiter saß noch ein Bettler; er hatte das Gespräch mit angehört und bettelte aufdringlich um Almosen.

Mulla: „Bist du verschwenderisch?"

Bettler: „Nein."

Mulla: „Trinkst du gerne Kaffee und rauchst?"

Bettler: „Nein."

Mulla: „Ich nehme an, du gehst gerne jeden Tag in die Badestuben?"

Bettler: „Nein."

Mulla: „... und machst dir auch den Spaß, mit deinen Freunden eins zu trinken?"

Bettler: „Im Gegenteil, ich möchte nichts anderes als ganz bescheiden leben und beten."

Daraufhin gab der Mulla ihm eine kleine Kupfermünze.

„Aber warum", jammerte der Bettler, „gibst du einem sparsamen und frommen Mann nur einen Pfennig, während du dem Verschwender eine Goldmünze geschenkt hast?"

„Ach", antwortete der Mulla, „seine Not ist größer als deine."

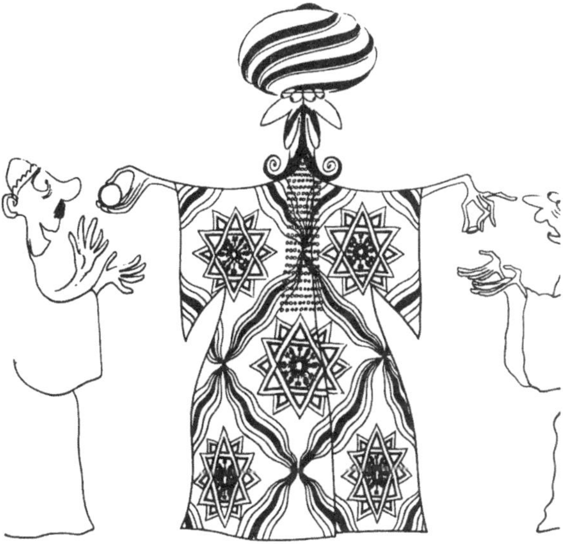

Ich selbst

Ein Mönch sagte zu Nasrudin: „Ich bin innerlich so frei und losgelöst, dass ich nie an mich selbst denke, nur an andere."

Nasrudin antwortete: „Ich bin so objektiv, dass ich mich betrachten kann, als wäre ich eine andere Person; daher kann ich es mir auch leisten, an mich selbst zu denken."

Keine voreiligen Schlüsse!

Obgleich man Nasrudin für einen weisen und heiligmäßigen Mann hielt, wurde er doch verdächtigt, ein vollkommener Analphabet zu sein.

Eines Tages entschloss sich der Landesherr zu einer Probe.

„Nasrudin, schreibe etwas für mich auf", bat er ihn.

„Das täte ich gerne, aber ich habe ein Gelübde abgelegt, nie wieder auch nur einen einzigen Buchstaben zu schreiben", entgegnete er Nasrudin.

„Gut, dann schreibe etwas auf die Weise, wie du zu schreiben pflegtest, bevor du dich entschlossen hattest, nicht zu schreiben, damit ich sehen kann, wie das aussah."

„Das kann ich nicht, denn jedesmal, wenn man schreibt, ist die Schrift durch die Übung wieder ein wenig anders. Wenn ich jetzt schreiben würde, wäre das etwas für jetzt Geschriebenes."

„Dann soll mir derjenige eine Probe seiner Schrift bringen, der eine besitzt", befahl der Landesherr.

Jemand legte ein fürchterliches Gekritzel vor, das der Mulla ihm einmal geschrieben hatte.

„Ist dies deine Handschrift?“ fragte der Herrscher.

„Nein“, sagte Nasrudin. „Nicht nur die Schrift ändert sich mit der Zeit, sondern was du hier vorlegst, ist ein Schriftstück, das ich hergestellt habe, um jemandem vorzuführen, wie er nicht schreiben soll.“

Im Wahlkampf

Die Wahlen standen vor der Tür. Die Stadt hatte alle Kandidaten eingeladen, im Stadthaus vor den Bürgern zu sprechen.

Als besondere Lokalberühmtheit war auch Nasrudin eingeladen, daran teilzunehmen.

Nachdem alle drei Kandidaten gesprochen hatten, bestieg der Mulla das Podium und sagte:

„Ich bin hergekommen, um euch mein eigenes besonderes Rezept anzubieten. Schreibt es auf und probiert es aus." Er fuhr fort und sagte, man müsse soundso viel Honig nehmen, dazu Knoblauch und Fisch, das müsse zusammen gekocht und dann verspeist werden.

Eine ganze Reihe von Leuten probierte das Rezept aus. Es schmeckte fürchterlich. Einige stürmten das Haus des Nasrudin und wollten wissen, was es mit diesem Trick auf sich habe.

„Gut", sagt Mulla Nasrudin, „ich habe nicht behauptet, dass es mir schmeckt, habe es tatsächlich auch nie versucht. Aber es schien mir eine so gute Idee zu sein, und ich wollte wissen, wie es wirkt.

Eben das ist es doch, was Wahlkandidaten tun, nicht wahr?“

Nie um eine Ausrede verlegen

Nasrudin war halb verhungert und ging in ein Café, wo er sich das Essen mit beiden Händen in den Mund stopfte.

Sein Nachbar kam vorbei und blieb stehen: „Warum isst du mit beiden Händen, Mulla?"

„Weil ich keine drei habe."

Eben darum wird es geschätzt!

„Wenn die Menschen um etwas bitten, so gib es ihnen nie, ehe nicht mindestens ein Tag darüber hingegangen ist“, sagte der Mulla.

„Warum denn nicht?“

„Die Erfahrung lehrt, dass sie nur dann etwas schätzen, wenn sie die Gelegenheit gehabt haben, daran zu zweifeln, ob sie es bekommen werden oder nicht.“

Das abgegriffene Goldstück

Nasrudin hatte keinen Pfennig Geld, wollte aber nicht, dass sein Freund Aslam es bemerke. Leider aber traf es sich so, dass Aslam ihn bat, ihm ein Goldstück einzutauschen.

„Es ist ziemlich abgegriffen", sagte Nasrudin.

„Abgegriffen, Mulla?"

„So abgegriffen, dass es weniger wert ist als der Wechselkurs. Bitte jemand anders."

„Nein, ich vertraue dir! Gib mir so viel, wie du meinst, dass es wert ist."

„Gut", sagte der Mulla, „aber mir erscheint es so wenig wert, dass du mir etwas draufzahlen müsstest, wenn ich es dir abnehmen soll."

Einsamer Tod

Als Mulla Nasrudin eine Straße entlangwanderte, erschreckte ihn irgend etwas, und er warf sich in den Straßengraben. Da dachte er nun darüber nach, dass er zu Tode erschrocken sei.

Bald fing er an zu frieren und wurde hungrig. Er begab sich nach Hause und teilte seiner Frau die traurige Neuigkeit mit, dann kehrte er in den Graben zurück.

Bitterlich weinend ging seine Frau zu den Nachbarn, um sich trösten zu lassen: „Mein Mann ist tot, er liegt in einem Straßengraben!"

„Woher weißt du es?"

„Niemand hat ihn gefunden, da musste er selbst kommen und es mir mitteilen. Ach, der Arme ..."

Das Ende der Welt

„Wann wird das Ende der Welt kommen, Mulla?"

„Welches Ende der Welt?"

„Ja, wie viele gibt es denn?"

„Zwei, das größere und das kleinere. Wenn meine Frau stirbt, dann ist es das kleinere Ende der Welt, aber wenn ich sterbe, ist es das größere Ende der Welt."

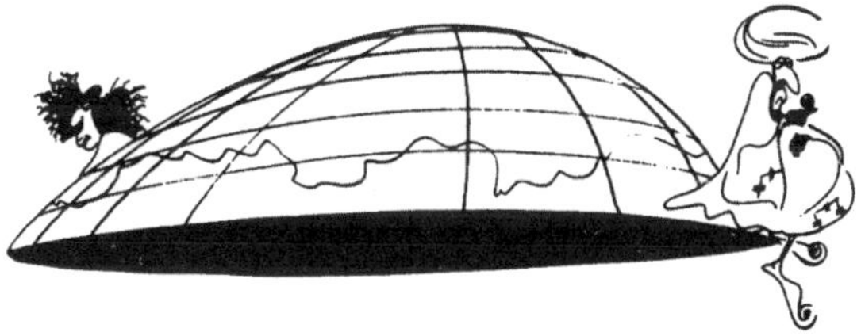

Teuer

Nasrudin machte eine Bude auf und hängte ein Schild mit folgender Inschrift auf:

Für fünf Pfund
werden zwei Fragen über
irgendeinen beliebigen Gegenstand beantwortet.

Ein Mann, der zwei dringende Fragen hatte, übergab sein Geld und sagte:

„Fünf Pfund ist ziemlich teuer für zwei Fragen, nicht wahr?“

„Ja“, sagte Nasrudin, „und die zweite Frage, bitte?“

ZWEI FRAGEN FÜR £5

Die Krankheit meines Weibes

„Guten Morgen“, sagte der Dorfarzt, „was kann ich für dich tun?“

„Es ist wegen der Krankheit meines Weibes.“

„Was fehlt ihr?“

„Ja, sie sagte, ich solle lieber zu dir gehen, um dir zu sagen, sie möchte dich gerne sehen.“

„Soll ich sofort kommen?“

„Nein, sie sagte mir dann, sie fühle sich besser, und so bin ich gekommen, um dir zu sagen, dass du doch nicht kommen musst, weil es ihr inzwischen besser geht, obgleich du hättest kommen müssen, wenn es ihr nicht besser gegangen wäre.“

Kenntnisse in der arabischen Sprache

Nasrudin behauptete, er sei in Mekka gewesen und habe lange in Arabien gelebt.

„Sag uns, was Kamel auf arabisch heißt", sagte einer seiner Freunde im Teehaus.

„Man sollte mehr Sinn für Größenordnungen haben und nicht nach so einem riesigen Tier fragen", sagte der Mulla.

„Wie steht es denn mit dem arabischen Wort für Ameise?"

„Viel zu klein!"

Jemand rief: „Nun denn, welches ist das arabische Wort für Lamm?"

„Ich bin überzeugt, sie haben dafür ein Wort, aber ich war nicht lange genug dort, um es herausfinden zu können. Ich reiste ab, als die Lämmer gerade eben geboren waren, und sie hatten noch keine Zeit für die Zeremonie der Namensgebung gehabt."

Der Förster

Der Förster war recht überrascht, als ein so ungeeignet erscheinender Mann wie Nasrudin ihn um eine Anstellung bat.

„Ich will dir eine Chance geben", sagte er, „obgleich du nicht aussiehst wie einer, der Bäume fällen kann. Nimm diese Axt, und schlage in jenem Waldstück so viele Bäume, wie du kannst."

Nach drei Tagen erstattete Nasrudin Bericht.

„Wie viele Bäume hast du gefällt?"

„Alle!"

Der Förster schaute nach, und tatsächlich stand in dem Waldstück kein einziger Baum mehr. Nasrudin hatte die Arbeit von dreißig Männern geleistet.

„Aber wo hast du gelernt, in diesem Tempo Bäume zu fällen?"

„In der Wüste Sahara."

„Aber in der Sahara gibt es doch gar keine Bäume."

„Nein", sagte Nasrudin. „Jetzt nicht mehr."

Moral: Wenn du Bäume fällen kannst, kannst du Bäume fällen.

Man müsste wissen ...

Ein bekannter Spaßmacher forderte Nasrudin im Teehaus heraus: „Die Leute sagen, du seist sehr gewitzt; aber ich wette hundert Goldstücke, dass du mich nicht hereinlegen kannst."

„Doch, ich kann", sagte Nasrudin. „Warte hier einfach auf mich", sprach's und ging fort.

Drei Stunden später wartete der Mann noch immer auf Nasrudin und seinen Trick. Schließlich musste er zugeben, dass er hereingelegt worden war. Er ging zum Haus des Mulla und warf für die verlorene Wette einen Beutel mit Goldstücken durchs Fenster hinein.

Nasrudin lag auf dem Bett und grübelte über seinem Trick. Er hörte das Klingeln der Münzen, fand den Beutel und zählte das Gold.

„Gut", sagte er zu seiner Frau, „das gütige Schicksal hat mir etwas geschickt, womit ich meine Wette zahlen kann für den Fall, dass ich verliere. Nun muss ich nichts anderes mehr tun, als mir einen Trick einfallen lassen, mit dem ich den Spaßmacher hereinlegen kann, der mich sicherlich schon ungeduldig im Teehaus erwartet."

Die Angelegenheit bereinigen

Ein Hund hatte die Straße zwischen zwei Häusern beschmutzt. Jeder der beiden Nachbarn verlangte, der andere müsse sie reinigen.

Nasrudin war bei Gericht, als die Angelegenheit vor den Schnellrichter kam. Dieser ärgerte sich darüber, dass Nasrudin behauptete, ein Schiedsrichter in Dingen des Gewohnheitsrechtes zu sein. Der Fall war schwierig, und so beschloss er, Nasrudin hereinzulegen.

„Ich erwarte deine Entscheidung, Mulla Nasrudin", sagte er, „denn dies ist ein schwieriger Fall. Du hast das letzte Wort."

„Meine Entscheidung", entgegnete der Mulla sofort, „ist folgende: Nachdem es Sache der Justiz ist, fragliche Angelegenheiten zu bereinigen, solltest du die Straße putzen."

Wassermangel

Im Mittelland herrschte ernster Wassermangel. Da kein Regen fiel, war der Wasserstand der Seen, welche die Stadt versorgten, niedrig.

Die Ratsversammlung rief nach einem Wünschelrutengänger.

Nasrudin, der in dieser Gegend in einem Betrieb arbeitete, bot seine freiwillige Hilfe an.

Er machte zur Bedingung, er müsse die Wasserbeschaffung an einem Montag vornehmen.

Als der Tag kam, zog er, umgeben von einer Menge neugieriger Zuschauer, sein Hemd aus, nahm aber nicht etwa eine Wünschelrute zur Hand, sondern rief nach einem Zuber mit etwas Wasser und begann sein Hemd zu waschen.

Alle Augenblicke schaute er zum Himmel.

Jemand erhob Einspruch: „Was hat das Waschen deines Hemdes mit der Wassersuche für die Stadt zu tun?"

„Geduld!" sagte Nasrudin, „denn nicht das Waschen tut es! Jeder Narr weiß doch, dass, eben dann, wenn man seine Wäsche zum Trocknen hinaushangt, der Regen herniederprasselt."

Als Bettler

An Markttagen stand Mulla Nasrudin häufig auf der Gasse und machte sich zum Narren: So oft ihm Leute ein großes und ein kleines Geldsück anboten, nahm er jedesmal das kleinere.

Eines Tages sagte ein wohlmeinender Mann zu ihm: „Mulla, du solltest die größere Münze nehmen. Dann wirst du mehr Geld besitzen, und die Leute haben nicht länger Gelegenheit, sich über dich lustig zu machen".

„Das mag stimmen", sagte Nasrudin, „aber wenn ich stets die größere nehme, werden die Leute aufhören, mir Geld zu geben. Denn sie tun es ja nur, um zu beweisen, dass ich verrückter bin als sie. Und dann würde ich überhaupt kein Geld mehr haben."

Einer von beiden muss es sein

In Nasrudins Dorf lebten Zwillingsbrüder, und eines Tages erzählte man, einer sei gestorben.

Als er einen der beiden auf der Straße sah, lief er auf ihn zu: „Welcher von euch beiden war es, der gestorben ist?“

Verwechslung

Mulla Nasrudin war schwer krank, und alle Welt dachte, er würde sterben. Seine Frau zog Trauerkleider an und weinte und jammerte.

Nur Mulla Nasrudin ließ sich nicht aus der Ruhe bringen.

„Mulla", fragte ihn einer seiner Schüler, „wie ist es möglich, dem Tod mit solcher Gelassenheit entgegenzusehen und dann und wann sogar zu lachen, während es uns, die wir nicht am Sterben sind, martert, dass du uns verlassen wirst?"

„Ganz einfach", sagte Nasrudin, „während ich hier so liege und euch betrachte, sage ich mir: Sie sehen alle miteinander so schreckensbleich aus, dass ich so gut wie sicher bin, der Engel des Todes wird, wenn er uns besuchen kommt, versehentlich einen von euch als Beute mitnehmen und den alten Nasrudin noch ein Weilchen hierlassen."

Alle anderen

Mulla Nasrudin ging auf einen Eselsmarkt. „Möchtest du Esel kaufen?“ fragte ihn ein Händler.

„Ja“, sagte Nasrudin.

„Wie wäre es mit einem dieser besonders schönen Tiere?“

„Einen Augenblick“, sagte der Mulla, „ich möchte, dass du mir die schlechtesten Esel, die du hast, vorführst.“

„Diese hier sind die schlechtesten.“

„Sehr gut! Dann nehme ich alle anderen.“

Was daraus werden kann

Hakim suchte ein Restaurant auf und bestellte gekochte Eier.

Der schlaue Eigentümer überreichte ihm eine Rechnung über fünf Silberstücke.

Hakim erhob Einspruch: dies sei viel zu teuer.

Der Wirt entgegnete: „Wenn ich jene Eier behalten und die Henne sie ausgebrütet hätte, wären Küken ausgeschlüpft und ihre Nachkommen und dann wieder deren Nachkommen – und so weiter, sie alle würden Millionen Eier gelegt haben, viel mehr wert als fünf Münzen. So betrachtet, hast du deine Eier noch billig bekommen."

Der Richter des Ortes war Nasrudin, und Hakim brachte seine Beschwerde vor ihn. Auch der Wirt hatte zu erscheinen, um seine Sache zu verteidigen.

Zu jener Zeit hörte Nasrudin seine Fälle bei sich zu Hause, „denn", so sagte er, „Gerechtigkeit zeigt sich stets mitten im Leben".

Als er die Darstellungen der beiden angehört hatte, nahm Nasrudin etwas Getreide und kochte es. Dann ließ er es ein wenig abkühlen und pflanzte es löffelweise in seinen Garten.

„Was machst du da eigentlich?" fragten die beiden.

„Ich pflanze Korn, damit es sich vermehrt", sagte Nasrudin.

„Seit wann kann sich etwas auf diese Weise vermehren, wenn es gekocht ist?" rief der Wirt aus.

„Das ist der Urteilsspruch dieses Gerichtshofes", sagte Nasrudin. „Guten Tag euch beiden!"

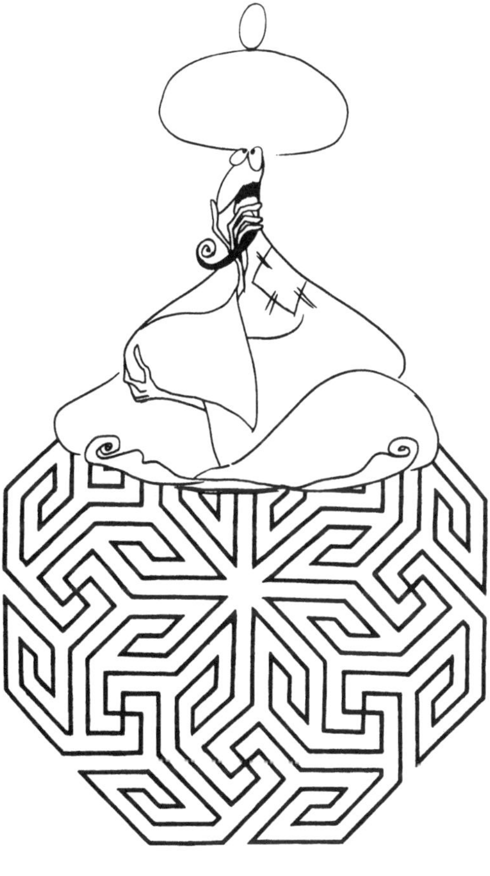

Groß und klein

Bevor Mulla Nasrudin ein Sufi wurde, dachte er genauso wie andere Leute.

Als er sich einmal etwas sehr wünschte, ging er in die Große Moschee, um darum zu beten. Aber es erfüllte sich nicht, obgleich er monatelang jeden Tag hinging.

Schließlich vertraute er seine Not einem Bekannten an. Der aber sagte: „Warum versuchst du nicht, in der Takkia des Sheikh Ahan zu beten? Es ist ein Gebetsraum gleich einer kleinen Moschee, direkt mit dem Hause des Sufis verbunden."

Der Mulla ging hin und versuchte es wieder.

Schon am nächsten Tage wurde sein Gebet erhört.

Nasrudin ging zur Großen Moschee, stand draußen davor und richtete folgende Worte an sie:

„Schäme dich! Eine Baby-Moschee, Takkia genannt, kann etwas, was eine erwachsene Moschee, wie du es bist, nicht fertigbringt."

Zeit

Nasrudin geriet in einen Disput mit einem Manne, der über alles viel besser Bescheid wusste als er. Und es schien, als könne er auch alle anderen Fähigkeiten des Mullas ausstechen.

Schließlich sagte der Rivale:

„Nasrudin, lass uns einen Wettkampf austragen, um zu entscheiden, wer von uns beiden in allem besser ist. Du schlägst irgend etwas vor, gleich, was es auch sein mag, ich versichere und behaupte, dass ich dafür nur halb soviel Zeit benötige wie du."

„Angenommen!" sagte Nasrudin. „Und bis es von den anwesenden Zeugen entschieden ist, werden wir als gleichwertig betrachtet. Hier ist mein Vorschlag: Es ist nach tausend Jahren meiner Lebenszeit festzustellen, ob du inzwischen nur fünfhundert Jahre älter geworden bist."

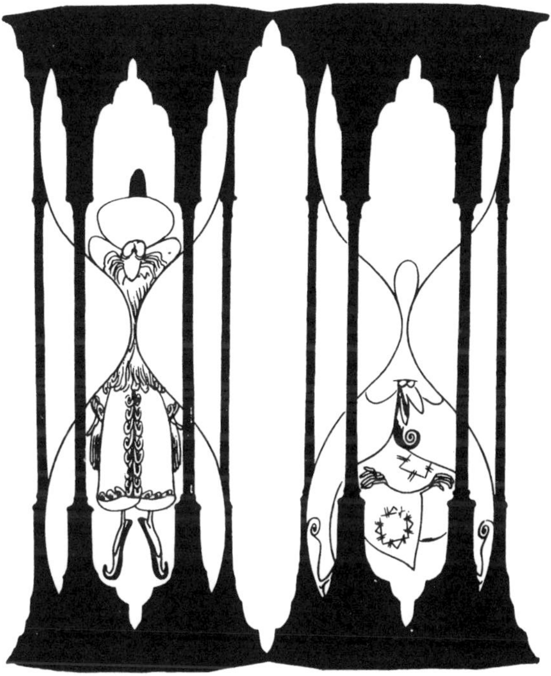

Ärztliche Verordnung

Nasrudin fühlte sich nicht besonders wohl und rief nach einem Arzt.

„Du brauchst ein Abführmittel“, sagte der Doktor.

„Ich hätte gerne eine zweite Meinung“, sagte Nasrudin.

„Eine Operation!“ entschied der zweite Arzt.

„Ruft noch einen Doktor!“ sagte der Mulla.

„In solchen Fällen ist das einzige Mittel Massage“, meinte der dritte Blutsauger.

„Jetzt haben wir das Rezept“, sagte der Mulla. „Ein Drittel einer Operation, ein Drittel eines Abführmittels und dazu ein Drittel einer Massage. Das sollte das Richtige sein, die Sache ausgezeichnet zu kurieren.“

Blitzreise

Nasrudin heiratete eine Witwe. Fünf Tage später gebar sie einen Sohn. Der Mulla ging sofort los und besorgte eine Schulausrüstung.

Die Leute fragten ihn: „Wozu kaufst du all diese Sachen?"

Nasrudin erwiderte: „Wenn mein Sohn eine Neun-Monats-Reise in fünf Tagen hinter sich gebracht hat, muss man jeden Tag damit rechnen, dass er schulpflichtig wird."

Der Wert des Menschen

„Was wünschst du dir?“ sagte der König zu Nasrudin, dem es nach einigen Schwierigkeiten gelungen war, eine Audienz zu bekommen.

„Eine Million Goldstücke“, sagte der Mulla.

„Kannst du es nicht billiger machen?“ fragte der König überrascht.

„O ja, ich könnte es für fünf Goldstücke machen.“

„Da ist ein ziemlich großer Unterschied zwischen den beiden Summen, nicht wahr?!“

„Ja, die Million Goldstücke bedeuten, was du wert bist; die fünf, was ich wert bin.“

Warnung

Nasrudin begab sich ins Land der Narren. „O Leute", rief er, „die Sünde und das Böse sind hassenswert." Und so trieb er es jeden Tag, wochenlang.

Als er eines Tages gerade wieder seine Rede halten wollte, stellte sich eine Gruppe der Bewohner des Narrenlandes mit verschränkten Armen vor ihm auf.

„Was wollt ihr?"

„Wir haben soeben einen Entschluss gefasst, was wegen all der Sünde und des Bösen, von dem du die ganze Zeit sprichst, zu tun ist."

„So habt ihr euch entschlossen, die Sünde hinfort zu meiden?"

„Nein, wir haben beschlossen, *dich* zu meiden."

Gruß

Eines Tages zog Nasrudin, auf seinem Esel reitend, durch das Land der Narren. Auf der Landstraße kam er an zwei Helden dieses Landes vorbei, die zu Fuß dahintrotteten.

„Guten Morgen", sagte der Mulla und ritt weiter.

„Ich möchte wohl wissen, warum er mich angesprochen hat und nicht dich", sagte der eine Narr zum anderen.

„Du Narr, ich bin es, den er angesprochen hat, nicht du!" Und schnell lagen sie auf dem Boden, eine Balgerei war im Gange.

Aber dann fiel es ihnen beiden plötzlich ein, sie könnten hinter Nasrudin herrennen und ihn in der Angelegenheit befragen. Sie sprangen auf und jagten ihm nach.

Als sie ihn schließlich erreichten, riefen sie gleichzeitig: „Wem von uns beiden hast du Guten Morgen gesagt?"

Der Mulla antwortete: „Dem größeren Narren!"

„Das bin eindeutig ich", sagte der erste Narr.

„Unsinn! Das bin zweifellos ich“, rief der andere.

Nasrudin ließ sie im Staube kämpfend zurück.

Dickkopf!

Der Mulla war es müde, seinen Esel zu füttern. Er bat seine Frau, es zu tun, sie aber weigerte sich, und es endete mit einem Streit, in dem beschlossen wurde, dass derjenige hinfort den Esel füttern müsse, der als erster wieder sprechen würde.

Der Mulla setzte sich gelassen in eine Ecke. Seine Frau langweilte sich bald und besuchte die Nachbarn. Zur Mittagszeit schickte sie einen Jungen mit einer Schüssel Suppe für den Mulla.

In der Zwischenzeit aber war ein Dieb in den stillen Nasrudin-Haushalt eingebrochen. Er nahm mit, was er fand. Und wie der Mulla so unbeweglich und stumm dasaß, nahm er ihm sogar den Turban vom Kopfe. Dann zog er ab.

Bald darauf kam der Junge mit der Suppe.

Nasrudin versuchte, ihm durch Gesten zu erklären, dass ein Dieb dagewesen sei. Aber alles, was der Junge verstand, war, dass er immerzu aufgeregt auf seinen Kopf wies, von dem der Turban fortgenommen war.

Der Junge aber hielt diese Geste für einen Befehl und goss die Suppe auf den Kopf des Mulla.

Dann lief er zur Frau des Mulla, um ihr die merkwürdige Lage zu schildern.

Sie eilte nach Hause. Als sie alle Türen offen fand und die Schränke gelehrt, fiel sie schimpfend über ihren Mann her.

Nasrudin aber sagte: „Nun geh und füttere den Esel, und bedenke wohl, was du durch deine Dickköpfigkeit angerichtet hast!“

Der gastfreie Mulla

Ich bin ein gastfreier Mensch", sagte der Mulla im Teehaus zu einer Gruppe alter Freunde.

„Sehr gut, dann lade uns allesamt ein, bei dir zu Abend zu essen", entgegnete der genusssüchtigste.

Nasrudin versammelte die ganze Gesellschaft und machte sich mit ihr auf den Weg nach Hause.

Als sie beinahe dort waren, sagte er: „Ich will vorausgehen und meiner Frau Bescheid sagen. Ihr mögt hier warten."

Seine Frau aber schimpfte ihn aus, als er ihr die Neuigkeit berichtete. „Es ist nichts zum Essen im Hause, schicke sie weg!"

„Das kann ich nicht, mein Ruf der Gastfreundschaft steht auf dem Spiel."

„Also gut, geh nach oben, und ich werde ihnen sagen, du seist nicht zu Hause."

Nach etwa einer Stunde wurden die Gäste unruhig, versammelten sich vor der Haustür und riefen: „Lass uns ein, Nasrudin."

Die Frau des Mulla ging zu ihnen hinaus und sagte: „Nasrudin ist nicht zu Hause."

„Aber wir haben gesehen, wie er ins Haus hineinging, und wir haben die ganze Zeit über die Haustür beobachtet."

Sie schwieg.

Der Mulla, der oben vom Fenster aus alles beobachtete, konnte sich nicht mehr beherrschen, lehnte sich hinaus und rief: „Es hätte aber doch sein können, dass ich durch die Hintertür hinausgegangen bin, nicht wahr!"

Qualität und Quantität

Nasrudin brachte eine Eselslast Weintrauben zum Markt. Ein Haufen kleiner Kinder bettelte dauernd um Weintrauben, aber er gab jedem nur eine ganz kleine Handvoll.

„Du bist geizig!“ riefen sie.

„Ganz und gar nicht“, erwiderte der Mulla. „Ich mache das, um die Torheit der Kinder zu veranschaulichen. All diese Weintrauben schmecken nämlich gleich; wenn man also einmal ein paar gekostet hat, weiß man wie all die anderen sind. So gilt es gleichviel, ob man viele bekommt oder nur ein paar.“

Das habt ihr nicht bedacht!

„Wenn nicht irgend jemand irgend etwas sagt, um mich zu unterhalten“, rief ein tyrannischer und gelangweilter König, „so werde ich allen hier am Hofe den Kopf abschlagen.“

Mulla Nasrudin trat sofort vor.

„Majestät, schlagt mir nicht den Kopf ab, denn ich werde etwas tun.“

„Und was kannst du tun?“

„Einem Esel Lesen und Schreiben beibringen.“

Der König sagte: „Ich rate dir, es auch wirklich zu tun, sonst werde ich dich bei lebendigem Leibe schinden.“

„Ich werde es tun!“ sagte Nasrudin, „allerdings brauche ich dafür zehn Jahre.“

„Sehr gut“, sagte der König, „die zehn Jahre seien dir gewährt.“

Als der Empfang an diesem Tage vorüber war, umringten die Hofleute Nasrudin.

„Mulla“, riefen sie, „kannst du tatsächlich einem Esel Lesen und Schreiben beibringen?“

„Nein“, sagte Nasrudin.

„Dann“, sagte der weiseste unter den Höflingen, „hast du nichts gewonnen als ein Jahrzehnt der Spannung und Angst, denn du wirst bestimmt hingerichtet werden. O was für eine Narrheit, zehn Jahre des Leidens und der Todesgedanken einem schnellen Schlag der Axt des Henkers vorzuziehen ...“

„Ihr habt eines übersehen“, sagte der Mulla. „Der König ist fünfundsiebzig Jahre alt, und ich bin achtzig. Lange bevor die Frist abgelaufen ist, werden neue Elemente in die Geschichte hineinspielen.“

Warum wir hier sind

Eines Nachts, als Mulla Nasrudin eine einsame Straße entlangwanderte, sah er eine Schar Reiter, die ihm entgegenkam. Seine Phantasie begann zu arbeiten; er sah sich gefangen und als Sklave verkauft oder in die Armee gepresst.

Nasrudin nahm Reissaus, stieg über eine Mauer in einen Friedhof und legte sich in ein offenes Grab.

Verdutzt über das merkwürdige Betragen, folgten ihm die Männer, ehrbare Reisende.

Sie fanden ihn ausgestreckt daliegend, angstvoll und zitternd.

„Was machst du da im Grab? Wir sahen, wie du davonliefst. Können wir dir behilflich sein?"

„Dass ihr eine Frage stellen könnt, bedeutet nicht, dass es auch eine schlichte Antwort darauf gibt", sagte der Mulla, dem jetzt aufging, was geschehen war. „Es hängt alles von eurem Gesichtspunkt ab. Wenn ihr es aber denn wissen wollt: Ich bin hier wegen euch, und ihr seid hier wegen mir."

Verstehst du, was ich meine?

Nasrudin streute Hände voll Brotkrumen rings ums Haus.

„Was machst du denn da?“ fragte ihn jemand.

„Die Tiger fernhalten.“

„Aber in dieser Gegend gibt es keine Tiger.“

„Ja, eben! Das Mittel wirkt, nicht wahr!“

Wer weiß, wann was nützlich ist

Manchmal nahm Nasrudin in seinem Boot Leute auf kleine Ausflüge mit. Eines Tages ließ ein pedantischer Schulmeister sich von ihm über den sehr breiten Fluss setzen.

Kaum waren sie an Bord, da fragte der Schulmeister, ob die Überfahrt stürmisch sein werde.

„Frage mich nicht so welches", sagte Nasrudin.

„Hast du nie Grammatik gelernt?"

„Nein", sagte der Mulla.

„Dann hast du die Hälfte deines Lebens vergeudet."

Der Mulla schwieg.

Dann kam ein schwerer Sturm auf. Die närrische Nussschale des Mulla füllte sich mit Wasser. Er beugte sich zu seinem Fahrgast vor: „Hast du je schwimmen gelernt?"

„Nein", sagte der Pedant.

„Dann, Schulmeister, ist dein ganzes Leben verloren, denn wir sinken."

Wenn ein Topf sich vermehren kann ...

Eines Tages lieh Nasrudin seinem Nachbarn einige Kochtöpfe, weil dieser ein Fest gab. Der Nachbar brachte sie zurück, dazu noch einen mehr, einen ganz winzigen Topf.

„Was soll das?“ fragte Nasrudin.

„Gemäß dem Gesetz gab ich dir den Abkömmling deines Eigentums, der geboren wurde, als die Töpfe in meiner Obhut waren“, sagte der Spaßvogel.

Bald darauf lieh Nasrudin sich von seinem Nachbarn einige Töpfe, brachte sie aber nicht zurück.

Der Mann kam herüber, um sie zurückzuholen.

„O weh“, sagte Nasrudin, „sie sind gestorben! Denn, nicht wahr, wir hatten doch festgestellt, dass Töpfe geboren werden, und somit sind sie auch sterblich.“

Der Schmuggler

Wieder und wieder überquerte Nasrudin die Grenze zwischen Persien und Griechenland auf Eselsrücken. Jedesmal hatte er zwei Körbe mit Stroh dabei und kam ohne sie zurück. Jedesmal untersuchte die Wache ihn wegen Schmuggelware. Niemals fand man etwas.

„Was bringst du herüber?"

„Ich bin ein Schmuggler."

Jahre später, Nasrudin machte einen immer wohlhabenderen Eindruck, zog er nach Ägypten. Dort begegnete er einem der Grenzwächter. „Sag einmal, Nasrudin, jetzt, wo du außerhalb der Gerichtsbarkeit von Griechenland und Persien bist und hier in solchem Wohlstand lebst, sage mir doch, was war es eigentlich, was du geschmuggelt hast, als wir dich nie überführen konnten."

„Esel."

Wie Nasrudin Wahrheit schuf

Gesetze als solche machen die Menschen nicht besser", sagte Nasrudin zum König. „Sie müssen bestimmte Dinge in die Tat umsetzen, um auf die innere Wahrheit abgestimmt zu werden. Diese Form der Wahrheit ähnelt der äußeren Wahrheit nur von ferne."

Der König aber beschloss, die Menschen dazu zu bringen, die Wahrheit anzunehmen. Er war überzeugt, er könne sie dazu bringen, Wahrhaftigkeit in die Tat umzusetzen.

Man kam in die Stadt über eine Brücke; auf dieser ließ er einen Galgen errichten. Am nächsten Tage, als die Tore im Morgengrauen geöffnet wurden, stand der Wachhauptmann dort mit seiner Truppe bereit, um alle, die in die Stadt wollten, zu überprüfen.

Folgendes hatte man bekanntgegeben: „Jedermann wird befragt! Wenn er die Wahrheit spricht, wird ihm erlaubt, in die Stadt zu gehen. Wenn er lügt, wird er gehängt."

Nasrudin kam heran.

„Wohin gehst du?"

„Ich bin unterwegs, um gehängt zu werden", sagte Nasrudin gemächlich.

„Das glauben wir dir nicht!"

„Gut! Falls ich gelogen habe, hängt mich auf!"

„Aber wenn wir dich aufhängen, weil du gelogen hast, machen wir das, was du gesagt hast, ja zur Wahrheit."

„Recht so! Jetzt wisst ihr, was Wahrheit ist – *eure* Wahrheit!"

Die Katze und das Fleisch

Nasrudin gab seiner Frau drei Pfund Fleisch, damit sie es für ihre Gäste zubereite.

Als die Mahlzeit aufgetragen wurde, war kein Fleisch dabei. Sie hatte es aufgegessen.

„Die Katze hat das ganze Fleisch aufgefressen", sagte sie.

Nasrudin setzte die Katze auf die Waage. Sie wog drei Pfund.

„Wenn dies die Katze ist", sagte Nasrudin, „wo ist dann das Fleisch? Wenn jedoch dies das Fleisch ist – wo ist dann die Katze?"

Auf der Suche

Jemand beobachtete Nasrudin, wie dieser etwas auf dem Boden suchte.

„Was hast du verloren, Nasrudin“, fragte er.

„Meinen Schlüssel“, sagte der Mulla.

Beide lagen nun auf den Knien und suchten.

Nach einer Weile fragte der andere: „Wo hast du ihn denn eigentlich verloren?“

In meinem Hause.“

„Aber warum suchst du ihn dann hier draußen?“

„Weil es hier heller ist.“

Kerzenlicht

Nasrudin schloss im Teehaus eine Wette ab, er könne trotz Eis und Schnee eine Nacht auf einem naheliegenden Berg verbringen und überleben. Einige Spaßvögel erklärten sich bereit, als Schiedsrichter zu fungieren.

Nasrudin nahm ein Buch und eine Kerze mit und verlebte die kälteste Nacht seines Lebens. Halb tot verlangte er am Morgen sein Geld.

„Hattest du wirklich gar nichts, um dich warmzuhalten?" fragten die Gefährten.

„Nichts."

„Nicht einmal eine Kerze?"

„Doch, ich hatte eine Kerze bei mir."

„Dann hast du die Wette verloren."

Nasrudin erwiderte nichts.

Einige Monate später lud er dieselben Leute zu einem Festschmaus in sein Haus. Sie ließen sich in seinem Besuchszimmer nieder und warteten auf die Mahlzeit. Es vergingen Stunden. Schließlich murrten sie und wollten was zu essen haben.

„Lasst uns nachschauen, was los ist!" sagte Nasrudin.

Sie zogen alle miteinander in die Küche. Dort stand ein riesiger Topf mit Wasser, unter dem eine Kerze brannte. Das Wasser war noch nicht einmal lauwarm.

„Es ist noch nicht fertig", sagte der Mulla. „Ich kann das gar nicht verstehen, das Feuer dort brennt nämlich schon seit gestern."

Salz ist nicht Wolle

Eines Tages wollte der Mulla eine Eselsladung Salz zum Markt bringen und trieb den Esel durch den Fluss. Das Salz löste sich auf. Der Mulla war ärgerlich über den Verlust seiner Ladung, der Esel aber ausgelassen wegen der Erleichterung.

Als er das nächste Mal denselben Weg ging, hatte er eine Ladung Wolle. Nachdem der Esel den Fluss durchquert hatte, war die Wolle gänzlich durchweicht und sehr schwer. Der Esel schwankte unter der nassen Last.

„Ha!“ rief der Mulla, „du hast dir wohl eingebildet, jedesmal so leicht davonzukommen, wenn du durchs Wasser gehst, nicht wahr!“

Dummkopf!

Ein Philosoph, der sich mit Nasrudin zu einem Disput verabredet hatte, kam zu dessen Haus, traf ihn aber nicht an.

Wütend nahm er ein Stück Kreide und schrieb auf Nasrudins Tür: „Dummkopf!“

Als der Mulla nach Hause kam und dies sah, eilte er zum Hause des Philosophen.

„Ich hatte vergessen“, sagte er, „dass du mich besuchen wolltest, entschuldige bitte, dass ich nicht zu Hause war. Selbstverständlich erinnerte ich mich sofort an unsere Verabredung, als ich sah, dass du deinen Namen an meine Haustür geschrieben hast.“

Eine unerwartete Ursache

Mitten in der Nacht stritten sich zwei Männer draußen vor Nasrudins Fenster. Schließlich stand er auf, wickelte sich in seine einzige Wolldecke und rannte hinaus, um dem Lärm ein Ende zu bereiten.

Er versuchte, die Betrunkenen zur Vernunft zu bringen. Da schnappte einer sich seine Wolldecke, und beide rannten fort.

Wieder bei seiner Frau, fragte ihn diese: „Worum ging denn der Streit?"

„Es muss um meine Wolldecke gegangen sein. Nachdem sie die hatten, hörte der Streit auf."

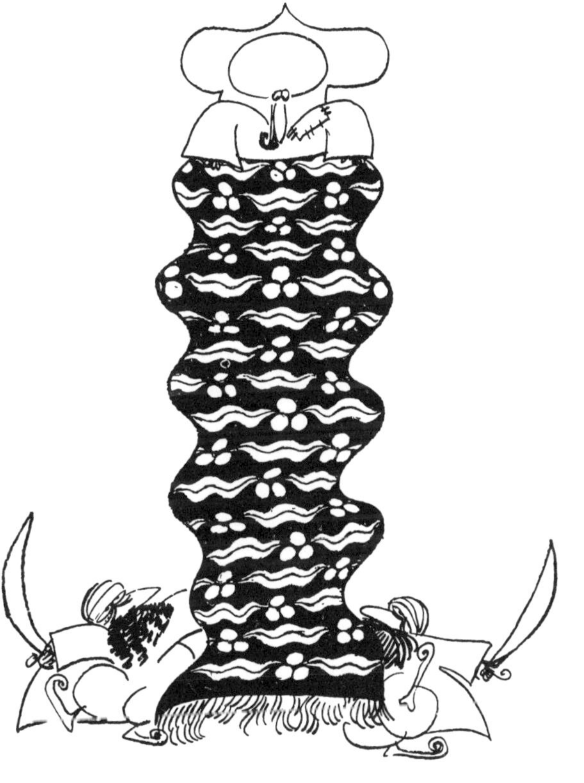

Abenteuer in der Wüste

„Als ich einmal in der Wüste war", erzählte Nasrudin eines Tages, „habe ich einen ganzen Stamm schrecklicher und blutrünstiger Beduinen zum Rennen gebracht."

„Wie ist dir das denn gelungen?"

„Ganz einfach! Ich bin weggerannt, und sie rannten hinter mir her."

Nahrung fürs Gewand

Nasrudin hörte, dass in der nahegelegenen Stadt ein Bankett stattfinde und jedermann dazu eingeladen sei. Er eilte dorthin, so schnell er konnte. Als der Zeremonienmeister ihn in seinem zerlumpten Gewande sah, setzte er ihn an den unauffälligsten Platz, weit weg von der großen Festtafel, an der die vornehmen Gäste bedient wurden.

Nasrudin sah, dass es mindestens eine Stunde dauern würde, bis die Diener zu dem Platz kämen, an dem er saß. So stand er auf und ging heim.

Er kleidete sich in einen prächtigen Mantel und Turban aus Zobelpelz und ging wieder auf das Fest. Sobald die Herolde des Emirs, des Hausherrn, diesen prächtigen Auftritt sahen, schlugen sie die Trommeln zum Willkommen und ließen die Trompeten erschallen, so wie es einem Besucher von hohem Range gebührt.

Der Hofmeister kam selbst aus dem Palast und führte den kostbar gekleideten Nasrudin zu einem Platz in nächster Nähe des Emirs. Sogleich wurde ihm eine Schüssel mit einem erlesenen Gericht vorgesetzt. Ohne zu zögern machte Nasrudin sich daran, Händevoll Essen in seinen Turban und sein Gewand zu stopfen.

„Eminenz", sagte der Prinz, „ich wüsste gerne, was es mit Euren Essensgewohnheiten auf sich hat, sie sind mir neu."

„Nichts Besonderes", sagte Nasrudin, „das Gewand hat mich hier an Eure Seite gebracht und verschaffte mir das gute Essen. Hat es da nicht seinen Anteil verdient?"

Nasrudins Predigt

Eines Tages wollten die Dorfbewohner sich mit Nasrudin einen Spaß machen. Da man ihn für einen heiligen Mann, wenngleich von nicht recht verständlicher Art, hielt, gingen sie zu ihm mit der Bitte, er möge in ihrer Moschee eine Predigt halten.

Als der Tag kam, bestieg Nasrudin die Kanzel und sagte: „O Leute! Wisst ihr, was ich euch erzählen werde?“ „Nein, wir wissen es nicht“, riefen sie.

„Ehe ihr es nicht wisst, kann ich es auch nicht sagen. Ihr seid zu unwissend, als dass ich damit anfangen kann“, sagte der Mulla, übermannt von Entrüstung über so unwissende Leute, die ihm seine Zeit stahlen. Er stieg von der Kanzel und ging heim.

Leicht verärgert ging eine Abordnung wieder zu seinem Hause und bat ihn, am kommenden Freitag, dem Tag des Gebetes, zu predigen.

Nasrudin begann seine Predigt mit derselben Frage wie beim vorigen Mal. Diesmal antwortete die Versammlung wie aus einem Munde: „Ja, wir wissen es!“

„In diesem Fall“, sagte der Mulla, „besteht für mich keine Notwendigkeit, euch länger aufzuhalten. Ihr könnt gehen.“ Und er kehrte heim.

Nachdem man ihn bewegt hatte, auch am dritten, darauffolgenden Freitag zu predigen, begann er seine Ansprache wie zuvor: „Wisst ihr es oder wisst ihr es nicht?“ Die Versammlung war darauf gefasst.

„Einige von uns wissen es, andere nicht.“

„Ausgezeichnet!“ sagte Nasrudin. „Dann lasst diejenigen, die es wissen, ihr Wissen denen mitteilen, die es nicht wissen.“ Und ging nach Hause.

Nasrudin und die sieben Weisen

Die Philosophen, Forscher und Rechtsgelehrten waren an den Hof berufen, um über Nasrudin zu Gericht zu sitzen. Es handelte sich um einen ernsten Fall, denn er war von Dorf zu Dorf gewandert und hatte verkündet: „Die sogenannten weisen Männer sind allzumal Schwätzer, unwissend und Wirrköpfe." Er war angeklagt, die Sicherheit des Reiches zu untergraben.

„Du darfst als erster sprechen", sagte der König.

„Lasst Papier und Federn bringen", bat der Mulla, „verteilt sie unter die sieben größten Weisen, und lasst jeden für sich eine Antwort auf die folgende Frage niederschreiben: ‚Was ist Brot?'" Es geschah.

Die Antworten wurden vom König vorgelesen.

Die erste lautete: „Brot ist ein Nahrungsmittel."

Die zweite: „Es ist Mehl und Wasser."

Die dritte: „Eine Gabe Gottes."

Die vierte: „Ein gebackener Mehlkloß."

Die fünfte: „Bald dies – bald das, je nach dem, was man unter ‚Brot' versteht."

Die sechste: „Eine nahrhafte Substanz."

Die siebente: „Niemand weiß es wirklich."

„Wenn sie in der Lage sein werden zu entscheiden, was Brot ist", sagte Nasrudin, „wird es ihnen auch möglich sein, andere Dinge zu entscheiden. Zum Beispiel, ob ich recht habe oder nicht. Könnt Ihr Angelegenheiten, in denen es um Recht und Unrecht geht, solchen Männern anvertrauen? Ist es nicht eigenartig, dass sie nicht einmal über etwas einig sind, was sie jeden Tag essen, aber einmütig behaupten, ich sei ein Ketzer?!"

Der Urteilsspruch

Als der Mulla in seinem Dorfe Richter war, kam ein ganz aufgelöster Mann in den Gerichtshof und verlangte sein Recht.

„Ich wurde aus dem Hinterhalt überfallen und ausgeraubt“, rief er, „draußen vor dem Dorf. Es muss jemand von hier gewesen sein. Ich verlange, dass Ihr den Schuldigen ausfindig macht. Er entriss mir mein Gewand, mein Schwert und sogar die Stiefel.“

„Lass sehen“, sagte der Mulla, „dein Unterhemd hat er dir offensichtlich nicht weggenommen, du hast es noch an.“

„Nein, das hat er nicht.“

„In dem Fall war es niemand aus diesem Dorfe. Denn hier werden die Dinge gründlich besorgt. Ich kann deinen Fall nicht klären.“

Das erste zuerst

Einem Sufi erscheint es vielleicht als die größte Unsinnigkeit im Leben, wenn Menschen sich um Dinge abmühen, wie zum Beispiel um Erkenntnis, ohne das grundlegende Rüstzeug zu haben, mit dem man sie erwirbt. Sie setzen voraus, dass sie nichts anderes brauchen als ‚zwei Augen, eine Nase und einen Mund'", so sagt Nasrudin.

Im Sufismus kann ein Mensch nicht lernen, ehe er nicht in einer Verfassung ist, in der er wahrnehmen kann, was er lernt und was es bedeutet.

Nasrudin ging eines Tages zu einem Brunnen, um diesen Punkt einem Schüler beizubringen, der ‚die Wahrheit' wissen wollte.

Er nahm den Schüler mit und einen irdenen Krug.

Der Mulla zog einen Eimer herauf und füllte das Wasser in den Krug. Dann schöpfte er noch einen und goss das Wasser wieder in den Krug. Als er zum dritten Male am Gießen war, konnte der Schüler sich nicht länger beherrschen:

„Mulla, das Wasser fließt heraus. Der Krug hat keinen Boden."

Nasrudin sah ihn ungehalten an: „Ich versuche, den Krug zu füllen. Um zu sehen, ob er voll ist, sind meine Augen auf den Rand des Kruges gerichtet, nicht auf den Boden. Wenn ich sehe, dass das Wasser den Rand erreicht, ist der Krug voll. Was hat der Boden damit zu tun? Nur wenn ich mich für den Boden des Kruges interessiere, werde ich danach schauen."

Das ist der Grund, weshalb Sufis nicht mit Leuten über tiefe Dinge sprechen, die nicht darauf vorbereitet sind, die Kraft des Lernens zu pflegen. Und diese kann nur demjenigen von einem Lehrer gelehrt werden, der einsichtig genug ist, um zu sagen: „Lehre mich, wie man lernt!"

Es gibt einen Sufispruch: „Unwissenheit ist Stolz, und Stolz ist Unwissenheit." Der Mann, der sagt: „Man muss mir nicht beibringen, wie man lernt", ist stolz und unwissend.

In dieser Geschichte hat Nasrudin die Identität dieser beiden Zustände veranschaulicht, die der gewöhnliche Mensch als zwei verschiedene Dinge ansieht.

Entsprechend jener Technik, die als „Schimpf und Schande" bekannt ist, spielte Nasrudin in dieser Krugscharade den unwissenden Mann. Dies ist eine übliche Art der Sufi-Unterweisung.

Sein Schüler dachte über die Lektion nach und sah sie zusammen mit anderen unsinnigen Handlungen des Mulla. Eine Woche später ging er zu Nasrudin und sagte: „Lehre mich das mit dem Krug. Ich bin jetzt bereit zu lernen."

Wer hat geschossen?

Der Jahrmarkt war in vollem Gange, und Nasrudins ältester Schüler bat um Erlaubnis, mit noch einigen anderen Schülern hingehen zu dürfen.

„Gewiss", sagte Nasrudin, „denn es ist eine ideale Gelegenheit, mit den praktischen Belehrungen fortzufahren."

Der Mulla ging voran, direkt zur Schießbude: eine der großen Attraktionen, denn für nur einen einzigen Schuss ins Schwarze wurden große Preise angeboten.

Beim Auftreten des Mulla und seiner Schar versammelte sich das Stadtvolk. Als Nasrudin selbst den Bogen und drei Pfeile aufnahm, stieg die Spannung. Hier würde sich gewiss erweisen, dass Nasrudin sich manchmal selbst übertraf ... (oder übernahm).

„Beobachtet mich genau!" Der Mulla spannte den Bogen, schob seine Kappe wie ein Soldat auf den Hinterkopf, visierte sorgfältig das Ziel an und schoss. Der Schuss ging erheblich daneben.

Die Menge brach in Hohngelächter aus; Nasrudins Schüler fühlten sich unbehaglich und flüsterten untereinander. Der Mulla wandte sich um und schaute sie der Reihe nach an: „Ruhe! Dies war eine Demonstration, wie ein Soldat schießt. Er verfehlt das Ziel oft erheblich. Das ist der Grund, weshalb er Kriege verliert. In dem Augenblick, als ich geschossen habe, war ich mit einem Soldaten identisch. Ich sagte zu mir selber: Ich bin ein Soldat, der auf den Feind schießt."

Er nahm den zweiten Pfeil, legte ihn auf die Sehne und schoss. Auf halbem Wege zum Ziel fiel der Pfeil auf die Erde. Es herrschte tödliche Stille.

„Jetzt", sagte Nasrudin zu den Versammelten, „habt ihr den Schuss eines Mannes gesehen, der übereifrig beim Schießen ist. Und nachdem sein erster Schuss fehlging, war er zu nervös, um sich konzentrieren zu können. Der Pfeil erreichte nicht sein Ziel."

Sogar der Budenbesitzer war hingerissen von diesen Erklärungen.

Mulla wandte sich lässig der Scheibe zu, zielte und ließ seinen Pfeil fliegen. Er traf mitten ins Schwarze!

Sehr bedächtig begutachtete er die Preise, nahm, was ihm am besten gefiel, und wandte sich zum Gehen. Da erst brach der Tumult los.

„Ruhe!" sagte Nasrudin, „lasst einen von euch das fragen, was ihr offensichtlich alle wissen wollt."

Im ersten Augenblick sprach niemand. Dann drängte ein Tölpel nach vorne und fragte: „Wir möchten wissen, wer von dir den dritten Schuss abgegeben hat."

„Das? Oh, das war ich."

Die Robe

Jalal, ein alter Freund Nasrudins, besuchte ihn eines Tages. Der Mulla sagte: „Ich freue mich, dich nach so langer Zeit wiederzusehen. Ich möchte allerdings gerade eine Besuchsrunde machen. Komm, begleite mich, dann können wir uns unterwegs unterhalten."

„Leih mir eine dezente Robe", sagte Jalal. „Wie du siehst, bin ich nicht gekleidet, um Besuche zu machen." Nasrudin lieh ihm ein sehr feines Kleid.

Im ersten Haus stellte Nasrudin seinen Freund vor: „Dies ist mein alter Gefährte Jalal, jedoch die Robe, die er anhat, gehört mir."

Unterwegs zum nächsten Dorf, sagte Jalal: „Wie töricht, zu sagen, ‚die Robe gehört mir'. Mach das nicht wieder." Nasrudin versprach es.

Als sie im nächsten Hause gemütlich Platz genommen hatten, sagte Nasrudin: „Dies ist Jalal, ein alter Freund, der gekommen ist, mich zu besuchen. Aber die Robe – die gehört ihm."

Als sie weitergingen, war Jalal genauso verärgert wie zuvor. „Warum hast du das gesagt? Bist du närrisch?"

„Ich wollte es nur wieder gutmachen. Nun sind wir quitt."

„Wenn du nichts dagegen hast", sagte Jalal langsam und vorsichtig, „sollten wir gar nichts mehr über die Kleidung sagen." Nasrudin versprach es.

Beim dritten und letzten Besuch sagte Nasrudin: „Darf ich Jalal, meinen Freund, vorstellen? Und die Robe, die Robe, die er trägt ... Aber wir müssen gar nichts über die Robe sagen, nicht wahr?"

Lebensretter

Als Nasrudin in Indien war, kam er an einem fremdartig aussehenden Gebäude vorbei, an dessen Eingang ein Einsiedler saß. Es umgab ihn eine Atmosphäre der Entrücktheit und Ruhe, und Nasrudin wollte Kontakt zu ihm aufnehmen.

‚Sicher', so dachte er, ‚muss ein frommer Philosoph, wie ich es bin, irgend etwas mit diesem heiligmäßigen Menschen gemein haben.'

„Ich bin ein Yogi", erwiderte der Einsiedler dem fragenden Mulla, „und ich widme mich dem Dienst an allen lebenden Wesen, insbesondere Vögeln und Fischen."

„Bitte gestatte, dass ich mich zu dir geselle", sagte der Mulla. „Es ist so, wie ich es erwartet habe, wir haben einiges gemeinsam. Ich fühle mich von deiner Gesinnung stark angezogen, weil ein Fisch mir einst das Leben gerettet hat."

„Wie wunderbar und bemerkenswert", sagte der Yogi, „es wird mir eine Freude sein, dir unsere Gemeinschaft zu gewähren; denn in all den Jahren, in denen ich mich der Sache der Tiere gewidmet habe, bin ich noch nie gewürdigt worden, eine so innige Vereinigung mit ihnen zu erreichen wie du. Er rettete dein Leben! Dies erweitert und bestätigt unsere Lehre, nach der das ganze Tierreich miteinander verbunden ist."

So setzte sich Nasrudin für einige Wochen mit dem Yogi zusammen, betrachtete seinen Nabel und lernte verschiedene merkwürdige körperliche Übungen.

Schließlich fragte der Yogi ihn: „Nachdem wir jetzt besser miteinander bekannt sind, und wenn du dich dazu in der Lage siehst, so teile mir doch bitte deine hohe Erfahrung mit dem lebensrettenden Fisch mit; ich würde mich dadurch mehr als geehrt fühlen."

„Dessen bin ich mir nicht so ganz sicher", sagte der Mulla, „nachdem ich inzwischen mehr von deinen Gedanken kennengelernt habe."

Aber der Yogi drang in ihn; mit Tränen in den Augen nannte er ihn „Meister", und er legte seine Stirne vor ihm in den Staub.

„Nun gut, wenn du darauf bestehst", sagte Nasrudin, „wenngleich ich nicht sicher bin, ob du bereit bist – um deine Sprechweise zu gebrauchen – für die Enthüllung, die ich zu machen habe. Zweifellos hat der Fisch mein Leben gerettet. Ich war am Verhungern, als ich ihn fing. Er versorgte mich drei Tage lang mit Nahrung."

Gut getroffen

In der Dämmerung sah Nasrudin eine weiße Gestalt im Garten und bat seine Frau, ihm Pfeil und Bogen zu reichen. Er traf den Gegenstand und ging hinaus, um zu schen, was es sei. Halb zusammengebrochen kam er zurück:

„Um Haaresbreite! Es war mein Hemd, das dort zum Trocknen hing. Stell dir vor, ich hätte gerade dringesteckt! Der Schuss hätte mich getötet, er ging mitten ins Herz."

Mach Licht!

Nasrudin saß plaudernd mit einem Freunde zusammen, als die Dunkelheit hereinbrach.

„Steck eine Kerze an", sagte der Mann, „denn es ist schon dunkel. Links neben dir liegt eine."

„Wie soll ich im Dunkeln rechts und links voneinander unterscheiden, du Narr!" rief der Mulla.

Irgend etwas fiel herunter

Als Nasrudins Frau einen gewaltigen dumpfen Schlag hörte, rannte sie hinauf in sein Zimmer.

„Reg dich nicht auf!“ sagte der Mulla, „es war nur mein Mantel, der auf den Boden fiel.“

„Was, und das machte so einen Krach?“

„Ja, ich hatte ihn gerade an.“

Der letzte Tag

Die Nachbarn des Mulla Nasrudin gelüstete es nach seinem fetten Lamm, und oft versuchten sie ihn zu bewegen, es für einen Festschmaus zu schlachten. Plan um Plan schlug fehl, bis zu dem Tage, da sie ihn davon überzeugten, in vierundzwanzig Stunden bräche das Ende der Welt an.

„Dann allerdings", sagte der Mulla, „können wir es ebensogut aufessen."

So feierten sie ihr Fest, und als sie gegessen hatten, zogen sie ihre Jacken aus und legten sich schlafen. Als die Gäste nach einigen Stunden erwachten, mussten sie entdecken, dass Nasrudin ihre Kleider in einem Freudenfeuer verbrannt hatte.

Sie brachen in Wutgeheul aus, aber Nasrudin blieb ruhig: „Meine Brüder, morgen bricht das Ende der Welt an. Habt ihr das vergessen? Und wozu braucht ihr dann noch Kleider?"

Neun Silberstücke?

Im Traum sah Nasrudin, wie ihm Münzen in die Hand gezählt wurden. Als er neun Silberstücke hatte, hörte der unsichtbare Geber auf.

„Ich muss zehn haben!“ rief Nasrudin, – so laut, dass er davon aufwachte.

Als er merkte, dass das ganze Geld verschwunden war, schloss er die Augen wieder und murmelte: „Also gut, gib sie her, ich bin auch mit neun zufrieden.“

Weise Voraussicht

Der Mulla war zu einer Hochzeit eingeladen. Als er das vorige Mal in eben diesem Hause war, hatte jemand seine Sandalen mitgenommen. Diesmal stopfte er sie, statt sie vor der Türe stehen zu lassen, in die innere Tasche seines Mantels.

„Was für ein Buch hast du denn da in deiner Tasche?" fragte ihn der Gastgeber.

Nasrudin dachte: Er ist vielleicht hinter meinen Schuhen her! Abgesehen davon muss ich meinen Ruf als gelehrter Mann aufrecht erhalten. So sagte er: „Das Thema der Ausbuchtung, die du hier siehst, lautet ‚weise Voraussicht'."

„Wie interessant! In welchem Buchladen hast du es erstanden?"

„Um es genau zu sagen: Ich bekam es von einem Schuhmacher."

Mutmaßungen

„Was bedeutet Schicksal, Mulla?" „Mutmaßungen."

„Wie das?"

„Du nimmst an, die Dinge nehmen einen guten Lauf, aber sie tun es nicht – das nennst du Unglück. Du vermutest, die Dinge werden schlecht ausgehen, und sie gehen gut aus – das nennst du Glück. Du nimmst an, gewisse Dinge werden geschehen oder nicht geschehen, – und daher fehlt es dir an Intuition, und du hast keine Ahnung, was sich ereignen wird. Du setzt voraus, die Zukunft sei unbekannt.

Wenn man dich bei irgend etwas ertappt – das nennst du Schicksal."

Und wenn es nun so wäre ...

Tief in Gedanken spazierte der Mulla die Dorfstraße entlang. Da erdreisteten sich einige Schlingel und bewarfen ihn mit Steinen. Er fühlte sich überfallen, abgesehen davon war er kein sehr starker Mann.

„Lasst das bleiben, und ich werde euch etwas erzählen, was interessant für euch ist."

„Abgemacht! Was ist es? Aber keine Philosophie!"

„Der Emir gibt ein öffentliches Bankett für jeden, der kommt."

Die Kinder rannten fort zum Hause des Emirs. Unterdessen erwärmte Nasrudin sich für den Gedanken. Er dachte an die Leckerbissen und andere Freuden der Bewirtung ...

Er schaute auf und sah die Knaben schon in der Ferne entschwinden. Da raffte er plötzlich sein Gewand hoch und rannte keuchend hinter ihnen her: „Ich sollte doch hin und schauen. Vielleicht ist wirklich etwas daran ..."

Eins fürs andere

Nasrudin suchte einen Laden auf, um eine Hose zu kaufen. Dann änderte er seine Absicht und suchte statt dessen einen Mantel aus, der genauso viel kostete.

Er nahm den Mantel an sich und wollte aus dem Laden gehen.

„Du hast noch nicht bezahlt!" rief der Kaufmann.

„Ich habe dir die Hose dagelassen, die genauso viel kostet wie der Mantel."

„Aber du hast auch die Hose nicht bezahlt!"

„Natürlich nicht", sagte der Mulla, „warum sollte ich etwas bezahlen, was ich gar nicht kaufen will?"

Wenn Allah will!

Nasrudin hatte Geld gespart, um sich ein neues Hemd zu kaufen. Voller Freude suchte er einen Schneider auf.

Der Schneider nahm Maß und sagte: „Komm in einer Woche wieder und – wenn Allah will – wird dein Hemd fertig sein."

Der Mulla fasste sich eine Woche lang in Geduld und ging dann wieder in den Laden.

„Es hat eine Verzögerung gegeben. Aber – wenn Allah will – wird dein Hemd morgen fertig sein."

Am nächsten Tag kam Nasrudin wieder.

„Es tut mir leid", sagte der Schneider, „aber es ist noch nicht fertig. Frage morgen noch einmal nach, und – wenn Allah will – wird es fertig sein."

Gereizt fragte Nasrudin: „Und wie lange wird es dauern, wenn du Allah aus dem Spiele lässt?"

Die Heldentat

Im Teehaus erzählten einige Soldaten prahlerisch von ihrem letzten Feldzug. Eifrig umdrängten die Dorfbewohner sie und hörten zu.

„Und ich", so erzählte ein furchterregend aussehender Krieger, „ich nahm mein zweischneidiges Schwert und stürmte gegen die Feinde; wie Spreu wurden sie zur Rechten und zur Linken zerstreut. Wir waren die Sieger."

Er erntete begeisterten Applaus.

Nasrudin, der zu seiner Zeit einige Feldzüge mitgemacht hatte, mischte sich ein und sagte: „Das erinnert mich an den Tag, als ich einem Feinde auf dem Schlachtfeld ein Bein abschlug. Tatsächlich ganz abgeschlagen!"

„Du hättest besser daran getan", erwiderte der Hauptmann der Soldaten, „ihm den Kopf abzuschlagen."

„Das war nicht möglich", entgegnete der Mulla, „denn weißt du, das hatte schon jemand anders getan."

Auf Bärenjagd

Der König, der die Gesellschaft Nasrudins gerne sah, ließ ihn eines Tages rufen, um mit auf Bärenjagd zu gehen.

Bären sind gefährlich. Nasrudin war entsetzt, wenn er bloß daran dachte, was ihm bevorstand. Aber er musste nun einmal dran glauben.

Als er ins Dorf zurückkam, fragte ihn jemand:

„Wie verlief die Jagd?"

„Ganz wunderbar!"

„Wie viele Bären hast du erlegt?"

„Keinen."

„Auf wie viele hast du Jagd gemacht?"

„Auf keinen."

„Wie viele hast du denn gesehen?"

„Keinen."

„Wieso war es dann so wunderbar?"

„Wenn man auf Bärenjagd geht, ist ‚keiner' mehr als genug."

Wie närrisch darf man sein?

Der Mulla wurde dabei ertappt, wie er im Getreidehaus der Gemeinde Weizen aus den Krügen seines Nachbarn in seine eigenen füllte.

Er wurde vor den Richter gebracht.

„Ich bin ein Narr und kann seinen Weizen nicht von meinem unterscheiden", sagte er aus.

„Warum hast du dann nicht aus deinen eigenen Krügen Weizen in seine gefüllt?" wollte der Richter wissen.

„Ah, aber ich kann meinen Weizen von seinem unterscheiden, denn ein so großer Narr bin ich nun auch wieder nicht."

Beschreibung des verlorenen Turbans

Nasrudin hatte einen schönen und kostbaren Turban verloren.

„Bist du nicht verzweifelt, Mulla?“ fragte ihn jemand.

„Nein, ich bin voller Zuversicht. Weißt du, ich habe einen Finderlohn von einem halben Silberstück ausgesetzt.“

„Aber für das Geld wird der Finder sich bestimmt nicht von dem Turban trennen, der hundertmal soviel wert ist.“

„Daran habe ich auch schon gedacht. Ich habe daher angegeben, es sei ein schmutziger alter Turban, ganz anders als der richtige.“

Wie ein Vogel aussehen muss

Eines Tages fand Nasrudin auf seiner Fensterbank einen erschöpften Falken sitzen.

Er hatte noch nie so eine Art Vogel gesehen.

„Du armer Kerl“, sagte er, „wie war es nur möglich, dass du in einen solchen Zustand gekommen bist?“

Er kürzte dem Falken die Krallen, schnitt den Schnabel zurecht und stutzte die Flügel.

„Nun siehst du schon eher wie ein Vogel aus“, sagte Nasrudin.

Ich hätte mehr Zeit gebraucht

Der Mulla kaufte einen Esel. Jemand sagte ihm, er müsse ihm täglich soundsoviel Futter geben. Das erschien ihm aber zuviel. Er wollte, so entschied er, den Esel an weniger Futter gewöhnen. Darum verringerte er täglich die Futtermenge.

Als der Esel schließlich so gut wie gar kein Futter mehr bekam, fiel er um und war tot.

„Schade", sagte der Mulla, „ich hätte nur noch ein wenig mehr Zeit gebraucht, um ihn daran zu gewöhnen, von gar nichts zu leben."

Wer bin ich?

Nach einer langen Reise fand Nasrudin sich mitten im mahlenden Menschengedränge von Bagdad. Es war die größte Stadt, die er je gesehen hatte, und die durch die Straßen strömende Menschenmenge verwirrte ihn.

„Ich möchte wissen, wie es die Leute machen, um sich hier nicht selbst zu verlieren und überhaupt noch zu wissen, wer sie sind", so grübelte er.

Dann dachte er: „Ich muss mich gut an mich erinnern, sonst gehe ich mir womöglich verloren."

Er eilte in eine Karawanserei. Ein Spaßvogel saß auf einem Bette neben dem, das man Nasrudin zugewiesen hatte. Nasrudin wollte ein Schläfchen halten, aber er hatte eine Schwierigkeit: Wie sollte er sich wiederfinden, wenn er aufwachte?

Er vertraute sich seinem Nachbarn an.

„Ganz einfach", sagte der Spaßvogel, „hier ist ein aufgeblasener Ballon. Binde ihn an deinem Bein fest und lege dich schlafen. Wenn du aufwachst, schau dich nach dem Mann mit dem Ballon um, und der bist du." „Großartige Idee!" sagte Nasrudin.

Ein paar Stunden später wachte der Mulla auf. Er schaute sich nach dem Ballon um und entdeckte ihn am Bein des Spaßvogels. „Da bin ich ja!“ dachte er. Dann aber trommelte er den anderen Mann in wahnsinniger Angst aus dem Schlaf. Der Mann erwachte und fragte, was los sei.

„Es ist geschehen, was ich befürchtete.

Nasrudin zeigte auf den Ballon: „Wegen des Ballons kann ich sagen, dass du ich bist. Aber – wenn du ich bist – wer, um Gottes willen, bin denn ich?“

Verschiedene Arten von Tagen

Ein Mann sprach Nasrudin an und fragte ihn, was für ein Wochentag sei.

„Das kann ich dir leider nicht sagen“, antwortete der Mulla, „ich bin fremd in dieser Gegend. Ich weiß nicht, was man hier für Wochentage hat.“

Gute Nachrichten

Mulla Nasrudin saß in Khanabad in einem Teehaus, als ein Fremder hereinkam und sich zu ihm setzte.

Der Neuankömmling fragte: „Warum schluchzt sich der Mann dort drüben die Seele aus dem Leibe?"

„Weil ich gerade aus seiner Heimatstadt gekommen bin und ihm berichtet habe, dass das ganze Winterfutter seiner Kamele einem Feuer zum Opfer gefallen ist."

„Es ist schrecklich, der Überbringer so schlechter Nachrichten zu sein", sagte der Fremde.

„Es ist auch spannend, der Mann zu sein, der ihm bald gute Nachrichten bringen wird", sagte Nasrudin. „Denn sieh, seine Kamele sind an einer Seuche zugrunde gegangen, und daher wird er das Futter gar nicht mehr benötigen."

Entensuppe

Ein Verwandter vom Lande besuchte Nasrudin und brachte eine Ente mit. Nasrudin war dankbar, ließ die Ente kochen und teilte die Mahlzeit mit seinem Gast.

Bald darauf kam ein anderer Gast. Er war, wie er sagte, „ein Freund des Mannes, der dir die Ente geschenkt hat“. Nasrudin bewirtete auch ihn.

So trug es sich mehrmals zu. Nasrudins Haus glich einem Gasthaus für Besucher vom Lande. Jedermann war irgendwieherum ein Freund des ursprünglichen Entenschenkers.

Schließlich wurde Nasrudin ärgerlich. Eines Tages klopfte es an die Tür, und ein Fremder tauchte auf. „Ich bin ein Freund des Freundes von dem Freund des Mannes, der dir die Ente vom Lande mitgebracht hat“, sagte er.

„Komm herein“, sagte Nasrudin.

Sie setzten sich zu Tisch, und Nasrudin bat seine Frau, die Suppe aufzutragen.

Als der Gast sie versuchte, schien es nichts anderes als warmes Wasser zu sein.

„Was ist das für eine Suppe?“ fragte er den Mulla.

„Das“, sagte Nasrudin, „ist die Suppe von der Suppe von der Suppe von der Ente.“

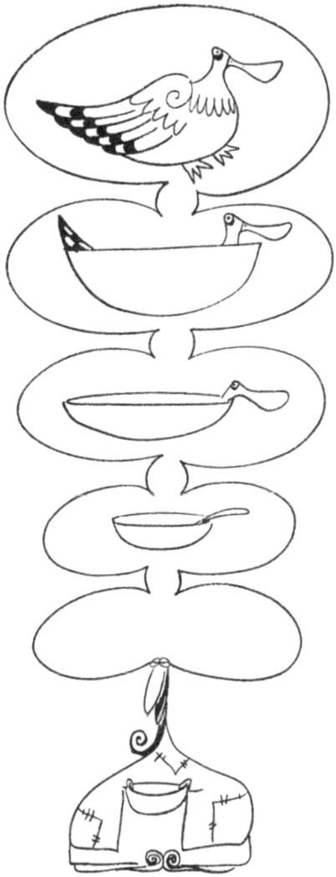

Eine Sache der Sprache

Nasrudin besuchte ein Fest, das der Große Lama von Tibet veranstaltete.

„Du wirst unsere Gesetze nicht kennen", sagte ihm der Dolmetscher, „und so muss ich dich warnen, ja nicht zu niesen, weil der Große Lama das für unheilverkündend hält."

„Ich werde daran denken", sagte Nasrudin.

Alle Großen des Landes waren im Kloster des Lamas versammelt, und auf dem Höhepunkt des Festes wurde plötzlich ein ehernes Horn geblasen, und in dem Augenblick nieste Nasrudin dem Lama mitten ins Gesicht.

Später sagte der Dolmetscher zu ihm: „Unser Herr war sicherlich höchst verärgert. Aus Respekt hat hier seit tausend Jahren nie jemand gewagt zu niesen."

„Oh, ich glaube, du musst dir darüber keine Gedanken mehr machen", sagte der Mulla. „Siehst du, ich nieste in meiner eigenen Sprache, nicht in seiner. Er wird bestimmt nicht gemerkt haben, was es wirklich war."

Neun Esel

Eines Tages übernahm Nasrudin es, einem Bauern des Ortes neun Esel zu bringen.

Der Mann, der sie ihm anvertraute, zählte sie, Stück für Stück, so konnte Nasrudin sicher sein, dass es wirklich neun Esel waren.

Unterwegs wurde seine Aufmerksamkeit durch irgend etwas am Straßenrande abgelenkt. Daraufhin zählte Nasrudin, der rittlings auf einem der Tiere saß, sogleich die Tiere wieder nach. Er zählte wieder und wieder und kam nur auf acht.

Voller Angst und Schrecken sprang er herunter, schaute sich um, und dann zählte er noch einmal.

Es waren neun.

Dann beobachtete er eine merkwürdige Sache. Wenn er auf dem Rücken des Esels saß, konnte er nur acht Esel sehen. Jedoch wenn er abstieg, waren alle neun sichtbar.

Das ist die Strafe fürs Reiten, überlegte der Mulla, da ich doch zweifellos hinter den Eseln hergehen sollte.

„Hast du irgendwelche Schwierigkeiten gehabt, sie herzubringen?“ fragte der Bauer, als Nasrudin staubig und erschöpft ankam.

„Nicht länger, nachdem ich den Trick der Eselstreiber gelernt hatte“, sagte Nasrudin, „vorher waren sie voller Listen.“

Der verschwundene Esel

„Mulla, dein Esel ist verschwunden." „Gott sei Dank habe ich nicht gerade auf ihm gesessen, sonst wäre auch ich verschwunden."

Feste Ansichten

Wie alt bist du, Mulla?" „Vierzig."

„Aber dasselbe hast du gesagt, als ich dich vor zwei Jahren gefragt habe."

„Ja, denn ich stehe stets zu dem, was ich gesagt habe."

Weltwunder

Ein Mann kam mit Nasrudin, der vor einem Laden stand, ins Gespräch.

Nasrudin hatte eine Menge Stoppeln im Gesicht. Der Mann fragte: „Wie oft machst du die Rasur?“

„Zwanzig- oder dreißigmal am Tag“, sagte der Mulla.

„Du musst ein Weltwunder sein!“

„Nein, ich bin der Barbier.“

Göttliche Namen

Da war einmal ein Eroberer, der sagte zu Nasrudin: „Mulla, all die großen Herrscher der Vergangenheit hatten ehrenvolle Titel, die den Namen Gottes enthielten. Da gab es zum Beispiel den Gottgesandten und den Gottangenehmen und so weiter. Wie wäre es mit so einem Namen für mich?"

„Gott behüte!"

Verlorener Besitz

Mulla Nasrudin wanderte um Mitternacht durch die Straßen.

Der Nachtwächter fragte:

„Was machst du zu so später Stunde noch draußen, Mulla?"

„Mein Schlaf ist verschwunden, und ich suche ihn."

Esoterisch

Ein Scharlatan mit Namen Khamsa ging eines Tages zu Nasrudin und sagte:

„Ist es wahr, dass du geheimes Wissen hast?"

„Erzähle mir etwas von deinen eigenen hohen Erfahrungen", war alles, was Nasrudin erwiderte.

„Gerne. Nachts verlasse ich diese materielle Welt und erhebe mich zu den höchsten Himmeln."

„Fühlst du dann, o Meister", fragte Nasrudin, „wie dein Antlitz von einem fächerartigen Gegenstand gekühlt wird?"

„Ja, ja", sagte Khamsa, weil er dachte, das müsse eines der Merkmale höherer Erfahrung sein.

„Wenn dem so ist", sagte Nasrudin, „solltest du lieber wissen, dass jener fächerartige Gegenstand der Schwanz meines langohrigen Esels ist."

Tyrannei der Majorität

Es geschah einmal zu einer bestimmten Zeit seines Lebens, dass die gesamte Bevölkerung des Dorfes genug von den Neckereien und Verworrenheiten des Mulla Nasrudin hatte.

Einmütig wandten sie sich an den Richter, und dieser traf eine amtliche Entscheidung:

„Nasrudin, auf Wunsch der Leute muss ich dir mitteilen, dass du das Dorf zu verlassen hast."

„Sind sie alle miteinander dafür?" fragte der Mulla.

„Ja, so leid es mir tut."

„Dann weigere ich mich zu gehen. Sie sind eine Menge Leute, ich aber bin nur einer. Wenn sie das Dorf nicht so mögen, wie es ist, können sie es verlassen und ein anderes bauen. Aber ich, ein einzelnes Wesen, wie könnte ich es unternehmen, irgendwo auch nur ein kleines Haus für mich zu bauen?"

Über den Autor

Idries Shah (1924–1996), Mitbegründer des Club of Rome, international bekannter Geleherter und Schriftsteller, Autor zahlreicher Standardwerke zum Sufismus. Er stammt aus einem alten islamischen Geschlecht, das sich in direkter Linie auf den Propheten Mohammed zurückführt.